Pour Harmony et Clara

Numéro du livre dans la collection :

Textes de Bernard Brunstein

© Bernard Brunstein pour les illustrations - http://peinturedebernard.over-blog.com/

ISBN : 9782322100354

Histoire et Illustrations
de Bernard Brunstein

La Danseuse

Elle, c'était une petite fille au doux nom de Carla. Ses parents d'origine modeste étaient gardiens à l'opéra de Nice. C'est dans ce temple de la danse et de la musique qu'elle fit ses premiers pas. Au début, bien sûr à quatre pattes, pas besoin de chausson, elle suivait sa maman qui le soir venu nettoyait le plancher. Elle grandit sous les feux de la rampe, les coulisses, les loges, le poulailler étaient son terrain de jeu.

Les soirs de représentation Carla se faisait toute petite, elle se nourrissait de musique classique et enviait les danseuses en tutu blanc. Un jour "je serais l'une d'elle, se disait-elle"

Tous les soirs, quand le silence retombait et que le rideau était baissé. Les ombres envahissaient la fosse d'orchestre. L'éclairage de secours jouait avec les nuances de gris et donnait l'impression à Carla de voir les musiciens s'agiter au rythme de la symphonie qu'elle jouait dans sa tête.

Le parquet de la scène portait les traces des générations de danseuses qui sur la pointe de leurs chaussons avaient exécuté les plus grands ballets. Le rideau rouge, lourd semblait être le gardien de ce lieu qui ne prenait vie que le jour venu.

Tout là-haut, dans les cintres on pouvait en tendant l'oreille entendre le souvenir des voix des grands airs d'opéra. Ce lieu était magique, et pour la petite fille qu'elle était, c'était un monde où son imaginaire pouvait s'exprimer. Sur cette scène elle dansait, dansait, elle danse et virevolte branchée en 220 volts. Telle une marionnette attachée à ses fils elle bougeait ses bras comme des sémaphores envoyant des messages à des spectateurs virtuels.

Elle répétait les pas, les entrechats, elle qui voulait devenir petit rat. Elle les connaissait par cœur, pour les avoir observé à travers les trous de souris de sa cachette. C'est drôle on est petit rat, mais jamais petit chat, ni même grand rat.
Il se peut que le rat danse quand il est petit et devient danseur étoile sur la constellation qui porte son nom.

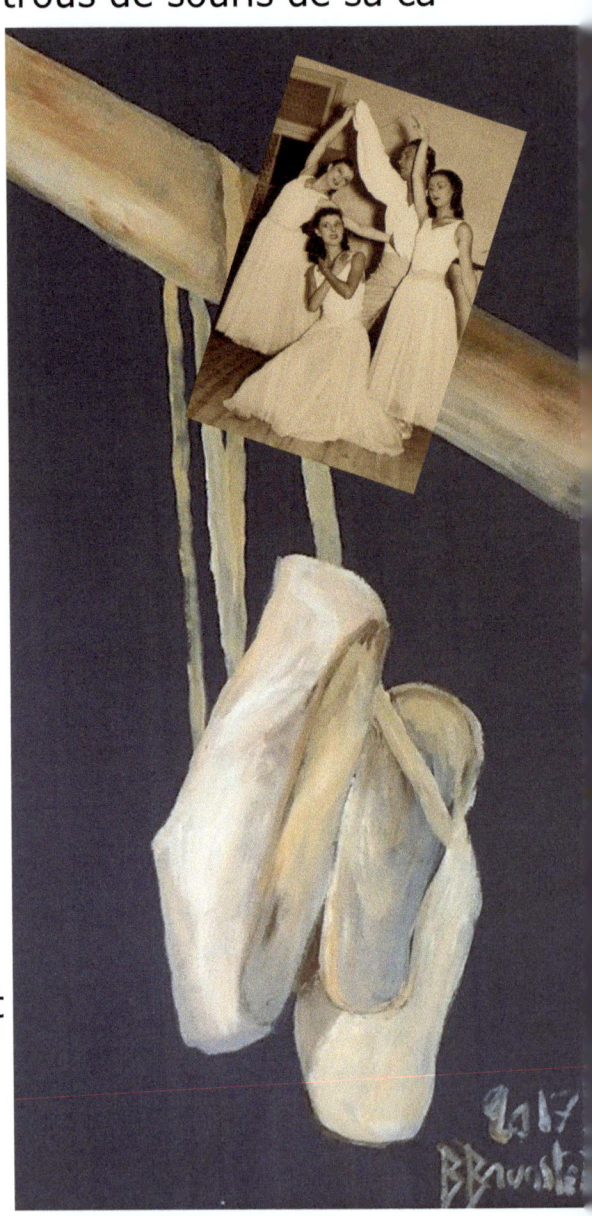

Elle venait juste de fêter ses treize ans; dans le grenier, dans une boite en carton elle trouva des chaussons et, glissée dans une enveloppe une vieille photo en noir et blanc d'une danseuse en tutu long. Au dos de la photo un nom: Isadora Duncan. Carla garda précieusement ce trésor, d'autant que les chaussons étaient juste à sa pointure.

Un soir où l'orage menaçait et que les nuages gris roulaient au dessus de l'opéra, de grosses gouttes commencèrent à tomber flic flac floc et Carla improvisa, une danse au rythme de la pluie. Elle ne vit pas assise sur le bord de la scène une danseuse qui la regardait.

- Oh pardon, s'écria-t-elle "je ne vous avez pas vue".

- Chut! Non, tu n'as pas à te faire pardonner continue c'est très bien ce que tu fais. Si tu le veux, je pourrais te donner des leçons pour corriger quelques petits défauts.

- Mais balbutia Carla, je ne pourrais pas vous payer.

- T'inquiète pas pour ça! La seule chose que je te demande, c'est de n'en parler à personne, de nous retrouver le soir quand l'opéra s'enveloppe de silence, disons! que ça sera notre secret.

 Carla promit et la belle danseuse disparut comme elle était venue.

Tous les soirs Carla attendait avec impatience l'heure pour retrouver sa danseuse son professeur. Avec elle, elle apprit les différentes attitudes, tous les pas de danses, les sauts, le grand écart. Chaque soir Carla progressait et son professeur ne tarissait pas d'éloges et un soir elle lui offrit un tutu pour la féliciter.

Carla cacha son trésor tout la haut dans le grenier.

Un soir son professeur lui dit;

- Il est temps de t'inscrire au concours d'entrée de l'opéra. Aie confiance en toi, quand le jour viendra danse comme si c'était un de nos soirs et surtout pense à moi.

Et là, elle disparut comme elle était venue.

Le lendemain matin, sur le panneau d'affichage en face la loge de ses parents, une affiche. L'opéra recrute par voie de concours, des danseuses pour son corps de ballet.

- Maman, Maman je veux m'inscrire c'est important pour moi. Elle ne pouvait rien refusait à sa fille.

Le grand jour arriva, Carla avait revêtu le tutu en attendant son tour les yeux fermés. Elle repensait à tous les conseils et surtout à son merveilleux professeur. Toujours dans ses pensées, elle n'entendit pas le jury qui l'appelait.- Carla c'est à toi" lui dit tendrement sa maman.

Elle rentra sur scène en se récitant son poème favori:

La danse en confiance
Je me lève et je danse
Tout est son et cadence
Tout là-haut je me hisse
Le ciel est mon complice
Mon sourire je donne
Ma passion aux gens
La danse elle me redonne
La confiance dans le temps
Parfois je me demande
La peur d'une réprimande
Je dois l'avouer
M'empêche de me lancer
J'invente des chorégraphies
Je danse je tourne je suis
Je monte sur mes pointes
La confiance n'a plus de crainte

Carla semblait voler au dessus du plancher enchaînant les sauts de chats, les pas chassés, les échappés, les glissés et termina sa danse par un grand écart face au jury. Le jury marqua un temps, et comme un seul homme, il se leva pour applaudir à tout rompre la prestation. Carla retenait ses larmes, elle avait aperçu dans le coin de la scène son professeur. Et quand les membres du jury lui demandèrent où elle avait appris à danser, Carla répondit:

- Avec Isadora Duncan ici présente en désignant le coin droit de la scène.

Ils se retournèrent mais il n'y avait personne.

Un des membres du jury expliqua alors à Carla que ce n'était pas possible car Isadora Duncan était morte en 1927... Carla savait bien elle que le soir venu elle la retrouverait. Le lendemain Nice Matin faisait la une de son édition par ce titre accrocheur:

"Le fantôme de l'opéra est il professeur de danse?".

Une équipe du laboratoire de la zététique enquête. Et après plusieurs jours le résultat s'avère négatif. Rien pas la moindre piste!

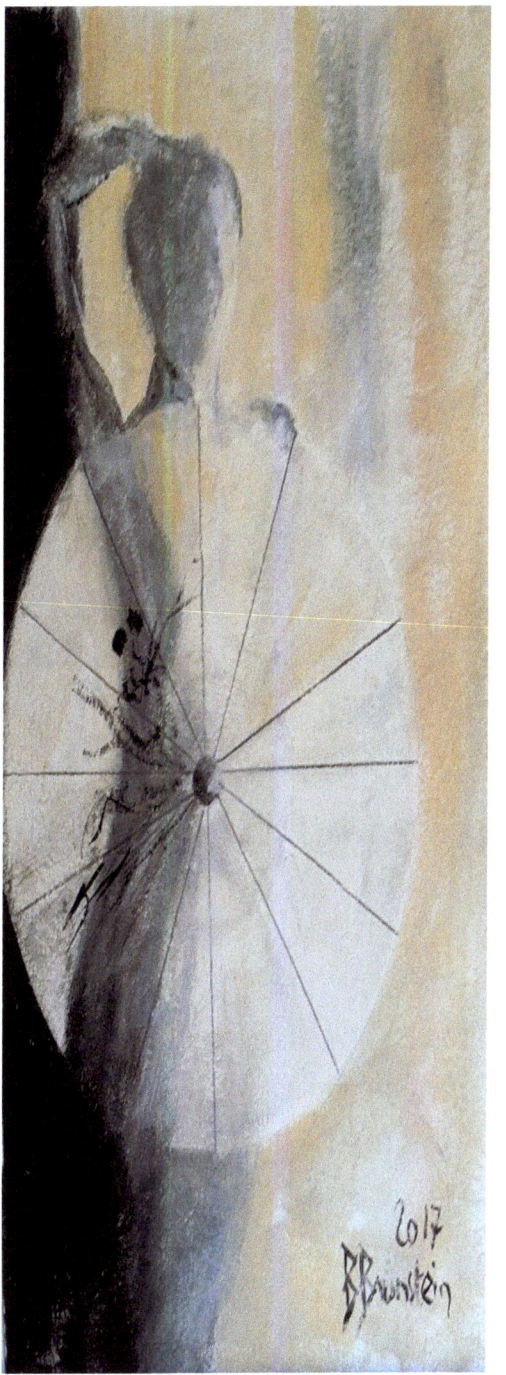

Le soir l'opéra était silencieux. Carla avait elle inventé ? Les enfants ont parfois un imaginaire débordant. Les journalistes ont interrogé le professeur Brach imminent directeur du laboratoire de la zététique.

- Sur ce phénomène, ce dernier avoue;

- La jeune Carla n'était pas une jeune fille à problème. Il faut se rendre à l'évidence, elle avait gagné le concours d'une façon magistrale. Est elle douée? Mais aurait-elle pu toute seule inventer et apprendre ce qu'elle nous a présenté lors du concours? En tant que directeur du laboratoire de zététique, je dois admettre que seule une danseuse étoile aurait pu lui apprendre, alors fantôme? ou pas...? Il est bon parfois de croire et de garder le mystère sur une chose inexpliquée. Aussi pour conclure et surtout pour ne pas perturber cette jeune Carla je dirais merci à Isadora d'avoir passé le relais et de nous avoir fait ce merveilleux cadeau.

Carla continua, quand le soir l'opéra s'enveloppe de nuit, à danser, à danser.

Editeur : BoD-Books on Demand, 12/14 rond point des Champs Élysées, 75008 Paris, France
Impression : BoD-Books on Demand, Norderstedt, Allemagne
ISBN :9782322100354
Dépôt légal : novembre 2017